BOTANIC

Flower Art I

PROLOGUE

자연의 순리 속에서
일상이 삶은
끊임없는 갈등이었다

창작의 설레임
시간의 허망함

이 모든 것들이 녹아있는
나의 정체성을 찾아
또다른 언어로 표현해본다

PART. I

Flower Collage Art

17인의 꽃 작품전

2016.12

장미의 붉은 웃음
겹겹이 날아가
새벽 바다 위에서
꿈을 품는다

-꿈을 품다-

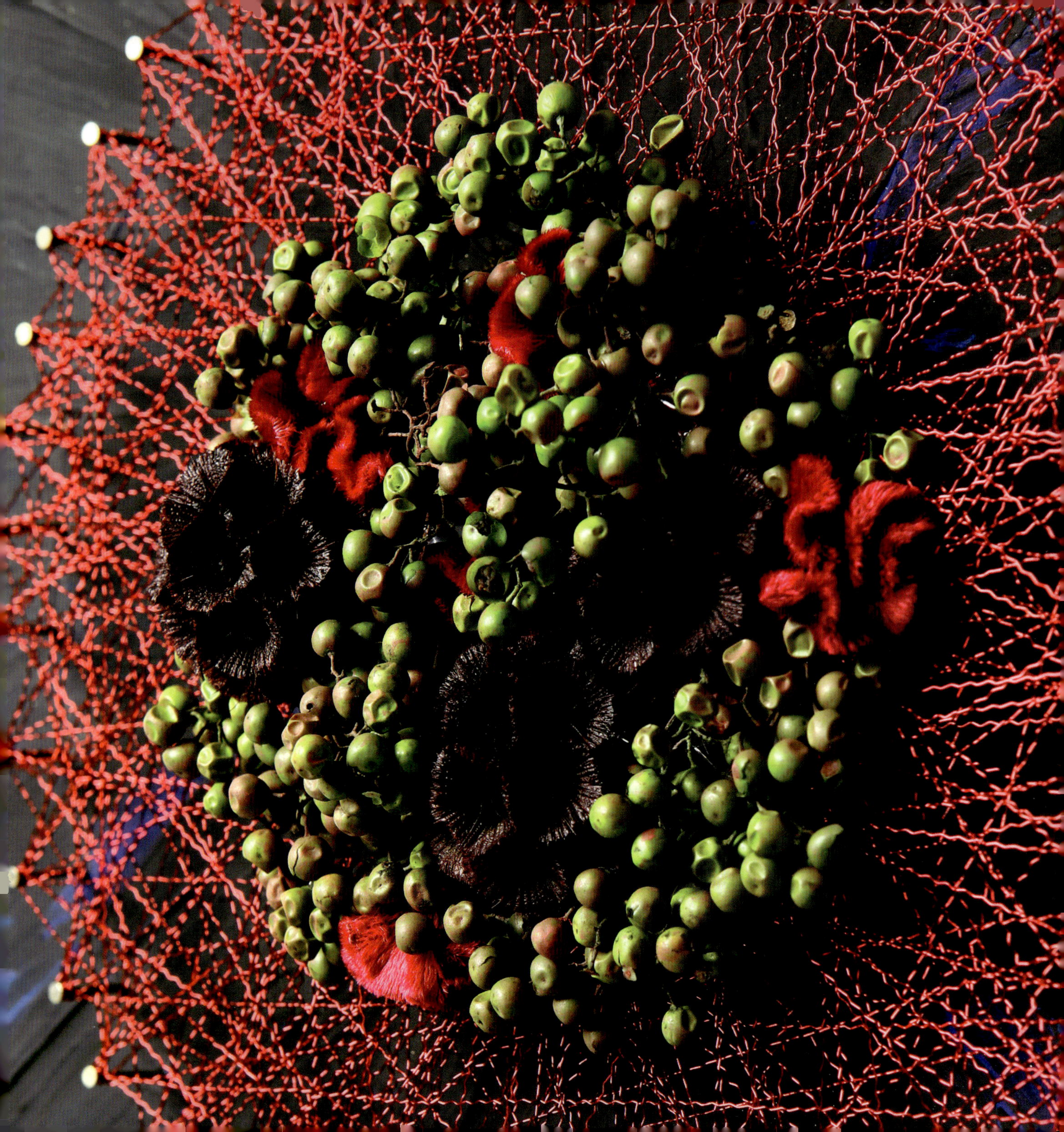

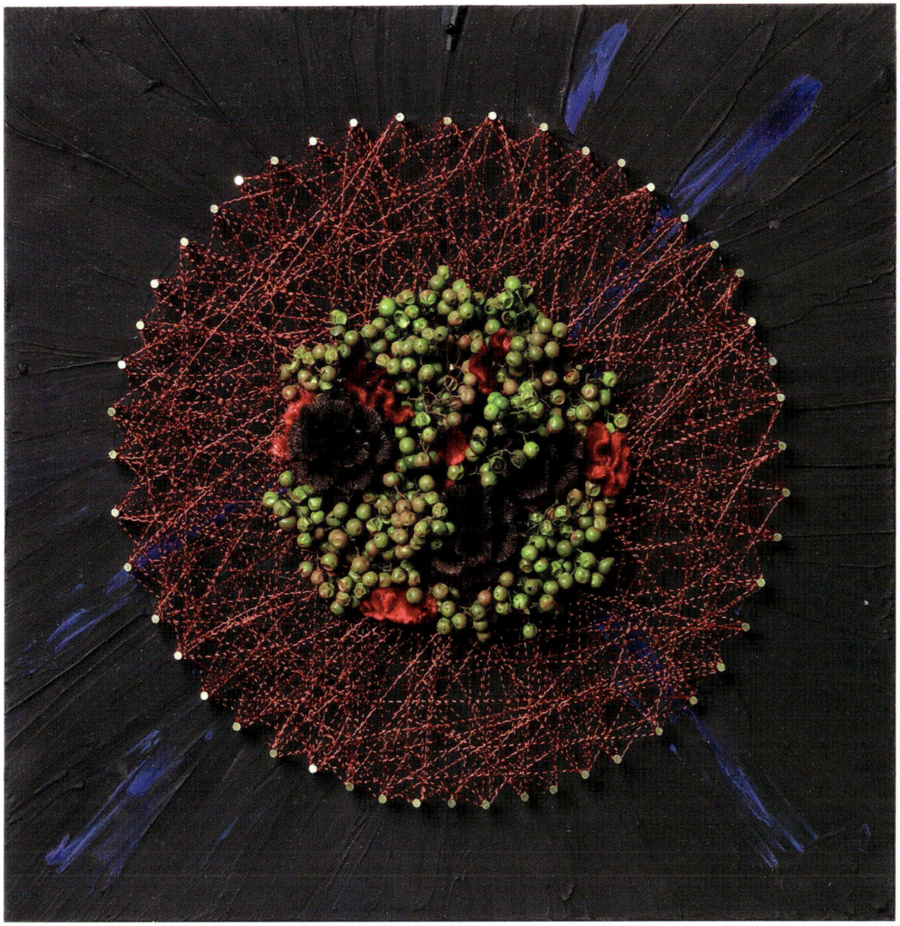

기다림은

영롱한 열매가되어

붉은 달빛으로 길을 비춘다

-붉은 달빛-

수많은 인연 중에

영원히 간직하고픈 인연은

순간 찰나에 존재한다

-인연-

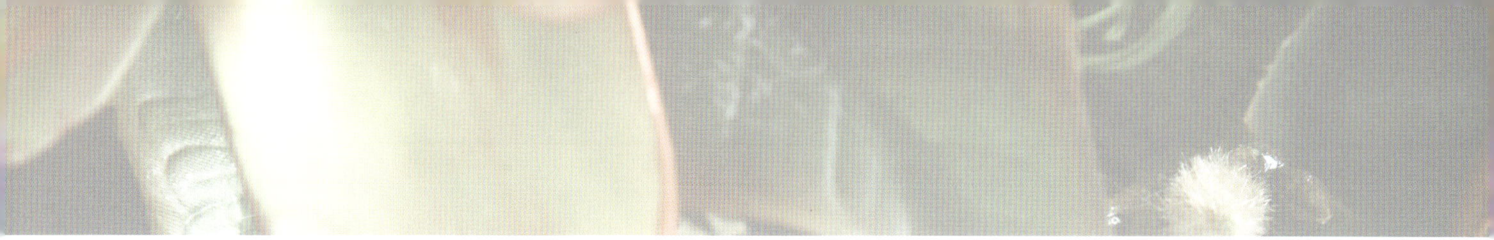

황홀히 핀 그대는

옷깃을 여민

여인의 모습이여

-후(后)-

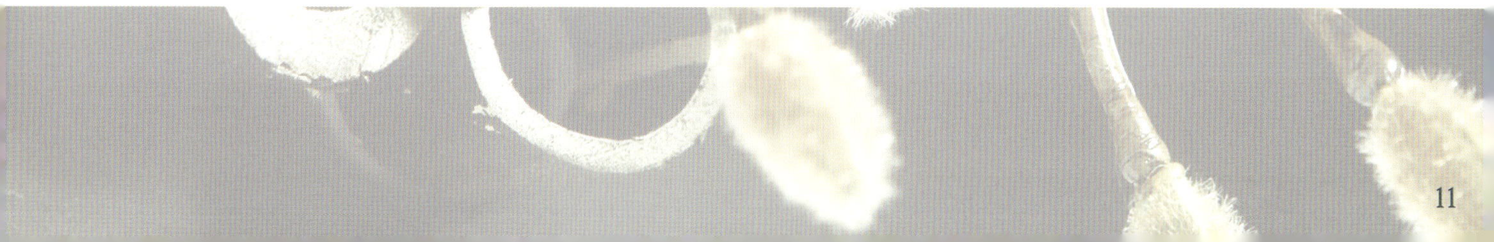

저 찬란한 광휘는

온몸을 감싸고

아름다운 별이 되리

-광휘-

나의 직선은

늘 곡선을 꿈꾼다

곡선은 되새김질하며

꿈을 노래한다

-직선의 꿈-

땅속의 어둠을 먹고 핀

아름다운 열매들

주황빛 꽃차림으로

나의 마음을 수놓다

-꽃차림-

향기를 내품고
이내 돌아간다
마치 어제처럼

-柱皮-

어제에 머물러

존재하는 아름다움

-정지된 美-

푸석한 아름다움

신비로운 그림자 사이

경이로움

그리고 오후 5시

당신의 모습들

-오후5시-

바다는

늘 그리움이다

은빛 추억의

그리움이다

어딘가에서

불현듯 나타난

낯익은 하루의 무게

새털같이 가벼운 그리움

-노을-

너의 시선은

마음속에서

흩뿌리듯 흩어져

오롯이 세월의 꿈을 담는다

기억 1, 2, 3

슬픔과 고통은

인내를 기르기 위한

삶의 한 부분이 되어

꽃으로 피어난다

-꽃의 눈물-

꽃망울 떠난 자리
영롱한 열매
긴 인고는 그렇게
빛으로 속삭인다

-영롱한 빛-

세월이 흔드는 소리에

쪼개진 모습

조각조각 흘린 마음

다시 추스려 채운다

-나눔-

어느새 어른이 된
숲속 작은 오솔길

-숲길-

삶은 설레이는 기다림이다

-4월의 안식-

해저무는 언덕에
님의 마음을 보았습니다
아직 설익은 마음 어루만져주시는 당신의 마음
늘 보고 싶습니다

-마음-

사랑은 흰꽃잎 겹겹이 쌓인 그리움으로 속삭인다

허공을 울리며

비워진 여백을 가리며

삶의 길을 찾아간다

-삶의 길-

세월에 스치는

그리움

-첫사랑-

일상의 삶은

끊임없는 갈등

내일은

또다른 설레임

이 모든 것의 진실에 대한

기쁨을 노래한다

-일상의 삶-

PART. II

한정된 시간
그 순간의 다지인들

삶의
허무를 갈망하는
나의 현재
끝이 보이지않는
아름다운 설레임

바람은
허무를 갈망하는
내 설레임의 분신

-바람-

PART.Ⅲ

보타닉·대회작품디자인

緣

EPILOGUE

돌담 속에 핀

노란 민들레의 경이로움

아스팔트 옆

작은 들꽃들의 순수한 아름다움

강요받지 않고 순응하는 꽃들은

모든이를 끌어안듯

묵묵히 존재한다

오래도록 꽃들에게

마음을 공유한 세월 속의 나의 정체성

꽃에게 허용된 시간의 허망함을

또 다른 설레는 희망으로

오늘도 나는

꽃에게 길을 묻다

PART. I

Flower Collage Artist

김정희 _ 일상의 삶 / 김인숙 _ 后 / 김기영 _ 직선의 꿈 /

김정림 _ 오후5시 / 김금분 _ 마음 / 민신홍 _ 삶의 길 /

윤정순 _ 4월의 안식 / 윤미경 _ 광휘 / 이금연 _ 정지된 아름다움 /

이견옥 _ 柱皮 / 이다영 _ 시선 / 이수경 _ 기억 1, 2, 3 /

이현숙 _ 오솔길 / 유학순 _ 나눔 / 유영순 _ 인연 /

정명숙 _ 꽃차림 / 한현숙 _ 노을 / 홍세희 _ 붉은 달빛 / 황은남 _ 꿈을 품다

PART. II

홍세희 / 김정림 / 정명숙 / 이옥희 / 김인숙 / 송영란 /

윤정순 / 최명옥

PART. III

김정희 / 김지숙 / 정명숙 / 정해원 / 황보애자 / 최명옥

저자 **김 정 희**

現 보타닉갤러리 대표

플로리스트협동조합 이사장

김정희아트회 회장

저서

〈성공하는 플라워샵 창업하기〉 _크라운출판사

〈화훼조형실기〉 _42애비뉴

〈김정희와 함께하는 플라워샵 창업하기〉 _42애비뉴

2003 코리아컵 플라워디자인정기대회 대상, 농림부장관상 수상

2005 대한민국난 대전 디스플레이 부문 금상 수상

제 40회 전국기능경기대회 화훼장식 심사위원

2006 대한민국 난 대전 디스플레이부문 연출상 수상

아시아컵 한국대표출전(중국 광저우) 감사장 수상

지방기능경기대회 충청북도 화훼장식 심사장

2007 코리아컵 플라워디자인 경기대회 금상 지도교사

2008 제43회 전국기능경기대회 화훼장식 동메달 지도교사

2007~2008 드림시티 TV플로리스트 입문강사

한국꽃예술작가협회 수석부이사장

2009 제44회 전국기능경기대회 화훼장식 동메달 지도교사

꽃예술경진대회 대상, 금상, 은상, 동상 지도교사

인터플로라 월드컵 한국대표선수선발대회 출전

2010 제45회 전국기능경기대회 화훼장식 금메달 지도교사

꽃예술경진대회 금상 지도교사

2011 국제장애인기능올림픽대회 화훼장식 지도교사

제46회 전국기능경기대회 화훼장식 동메달 지도교사

우수기능인개발 국무총리상 표창

2012 제47회 전국기능경기대회 화훼장식 은메달 지도교사

화훼장식 경기대회 고용노동부장관상 지도교사

2013 코리아컵 플라워디자인 경기대회 금상 지도교사

제48회 전국기능경기대회 화훼장식 동메달 지도교사

2014 코리아컵 플라워디자인 경기대회 동상 지도교사

2015 코리아컵 플라워디자인 경기대회 금상 지도교사

전국기능경기대회청소년 국가대표 지도교사

초판발행	2017년 5월 10일
지은이	보타닉갤러리 대표 김정희(Jung-hee Kim)
펴낸이	보타닉갤러리 대표 김정희(Jung-hee Kim)
사진/디자인	디토스튜디오 이성일
펴낸곳	42애비뉴
주소	서울시 강남구 도곡동 955-20 1층
	(1F, 955-20, Dogok-dong, Gangnam-gu, Soeul, Korea)
전화	82. 2. 578. 3383
팩스	82. 2. 579. 3383
신고번호	ISBN 978-89-964534-5-1 (부가번호:13520)
홈페이지	www.botanicgallery.co.kr
까페	blog.naver.com/42flower
이메일	42flower@naer.com
Copyright	보타닉갤러리 김정희